CHEMINS DE FER DE L'ÉTAT

INSTRUCTION PROVISOIRE

POUR LA

COMPTABILITÉ DES GARES

PARIS

IMPRIMERIE CENTRALE DES CHEMINS DE FER

A. CHAIX ET Cie

RUE BERGÈRE, 20, PRÈS DU BOULEVARD MONTMARTRE

1878

CHEMINS DE FER DE L'ÉTAT

INSTRUCTION PROVISOIRE

POUR LA

COMPTABILITÉ DES GARES

PARIS

IMPRIMERIE CENTRALE DES CHEMINS DE FER

A. CHAIX & Cie

RUE BERGÈRE, 20, PRÈS DU BOULEVARD MONTMARTRE

1878

INSTRUCTION PROVISOIRE

POUR LA

COMPTABILITÉ DES GARES

A partir du 1ᵉʳ août, les gares des lignes du réseau de l'État arrêteront leur comptabilité les 10, 20 et dernier jour du mois.

Les pièces de comptabilité seront établies, à titre provisoire, conformément aux bases ci-après :

CHAPITRE Iᵉʳ

VOYAGEURS

DÉPART.

ART. 1ᵉʳ. — On dressera pour chaque dizaine l'état récapitulatif des recettes des voyageurs auquel on joindra l'**état des recettes supplémentaires** opérées pendant la même période, **les bulletins de transports extraordinaires, les bordereaux de correspondance, les bordereaux de billets annulés.**

Ces pièces seront envoyées au contrôle les 13, 23 du même mois et 3 du mois suivant.

ART. 2. — On continuera à établir chaque jour, sur le registre des voyageurs, le compte des billets distribués (jusques et y compris le dernier train), le montant des **recettes supplémentaires et des correspondances.**

NOTA. — La présente instruction annule et remplace toutes les prescriptions antérieures qui seraient contraires à ces nouvelles dispositions.

Art. 3. — On enverra les 13, 23 du mois et 3 du mois suivant au Contrôle, en trois chapelets, les billets recueillis.

Le premier comprendra les billets à destination fixe du **trafic intérieur** de la dizaine.

Le second, tous les billets à destination fixe du **trafic direct**, et tous les passe-partout **trafic direct** et **trafic intérieur**.

Le troisième, les billets collectifs, permis, bons de réductions.

CHAPITRE II.

BAGAGES ET CHIENS· — DÉPOT DE BAGAGES

DÉPART

Art. 4. — On établira à la fin de la dizaine, sur un des imprimés journaliers actuellement en usage, un état résumant les totaux, pour chaque destination, des produits des bagages et chiens, et des dépôts de bagages.

Cet état sera envoyé au contrôle les 13, 23 du mois et 3 du mois suivant.

Art. 5. — On continuera à établir chaque jour le compte des bagages et chiens enregistrés et taxés (jusques et y compris le dernier train), ainsi que le compte des dépôts de bagages.

ARRIVÉE.

Art. 6. — Les feuilles de bagages seront envoyées les 13, 23 du mois et 3 du mois uivant au contrôl e attachées ensemble par provenance et par date.

CHAPITRE III.

MARCHANDISES, FINANCES, ETC· — GRANDE ET PETITE VITESSE

§ Ier. TRAFIC INTÉRIEUR.

DÉPART.

Art. 7. — L'enregistrement et la taxe des marchandises **G. V. et P. V.**, ainsi que l'inscription des sommes à recouvrer à titre de **déboursés, remboursements** ou **ports au-delà**, ont lieu immédiatement après la remise :

1° Sur les livres d'expéditions en usage dans les lignes rachetées ;

2° Sur les feuilles de route en usage dans les lignes rachetées ;

3° Sur les relevés d'expéditions, modèles 1676 ou 1680, suivant la vitesse.

ART. 8. — **Les relevés d'expéditions** sont établis par dizaine et sur un imprimé distinct pour chaque destination. Tenus au courant, jour par jour, les relevés doivent présenter les inscriptions dans l'ordre des numéros de feuille de route.

Pour prévenir les omissions dans la comptabilité, les gares de départ s'assurent chaque jour au moyen des souches destinées à conserver les totaux des feuilles de route, que toutes les feuilles inscrites au livre d'expéditions sont bien reportés sur les relevés ; elles additionnent avec soin, sur ces relevés, les deux colonnes des ports payés et des ports dus dont les chiffres réunis doivent invariablement former le montant total des colonnes intermédiaires.

ART. 9. — A la fin de la dizaine, pour contrôler l'exactitude de leurs opérations, les gar récapitulent en total général :

1° Sur le livre d'éxpéditions, les totaux des diverses journées ;

2° Sur les **résumés** d'expéditions, les totaux de chaque relevé par destination ;

Le total général du livre d'expéditions et le total général du **résumé** doivent être parfaitement d'accord.

Les résumés d'expéditions devront être envoyés au contrôle les 20, 30 de chaque mois et 10 du mois suivant.

ARRIVÉE.

ART. 10. — Après la vérification des taxes, tous les articles portés sur les feuilles de route sont inscrits un par un, sur les livres d'arrivages en usage dans chaque Compagnie. On totalisera les livres jour par jour.

Chaque jour, après avoir terminé les inscriptions au livre d'arrivages, on classe les feuilles par gare expéditrice, date d'expédition et numéro de feuille pour servir au pointage des relevés d'expéditions dressés par les gares de départ.

Ce système supprime l'établissement des **relevés d'arrivages**.

Pour que les feuilles de route puissent être comprises dans les écritures de la dizaine à laquelle elles appartiennent, par leur date d'expédition, les livres d'arrivages ne sont arrêtés

En G. V. que les 13, pour la 1re dizaine.
— 23 — 2e —
— 3 de l'autre mois. 3e —

En P. V. — 17 pour la 1re dizaine.
— 27 — 2e —
— 7 de l'autre mois. 3e —

Les feuilles de route du **trafic intérieur P. V. et G. V.**, *classées par provenance et dans l'ordre d'inscription aux relevés d'expéditions, attachées ensemble, par l'angle gauche inférieur, en un paquet isolé, doivent être adressées au contrôle les 20, 30 et 10 avec les relevés d'expéditions et les résumés d'arrivages.*

2

POINTAGE DES RELEVÉS D'EXPÉDITIONS

Trafic intérieur.

Art. 11. — Comme il est dit plus haut, ce sont les **relevés d'expéditions,** modèles 1676 et 1680, dressés par les gares de départ qui serviront de **relevés d'arrivages** aux gares destinataires et, à cet effet, ils devront être envoyés, *directement* à ces dernières les 13, 23 et 3, par les gares de départ selon qu'ils appartiendront à la première, à la seconde ou à la troisième dizaine d'un mois.

Art. 12. — Dès leur réception, les gares destinataires commenceront, sur ces relevés, le pointage **à l'encre rouge** de toutes les feuilles de route qui leur sont parvenues et, une fois le pointage terminé, elles réclameront aux gares expéditrices les feuilles qui leur manqueraient ou, à leur défaut, des duplicatas.

Art. 13. — Les gares expéditrices devront adresser *immédiatement* aux gares destinataires, qui en prendront charge, si elles leur sont réellement destinées, les feuilles réclamées, ou leur feront connaître que ces feuilles sont en destination d'une autre gare. Dans ce dernier cas, la feuille figurant à tort sur le relevé d'expédition sera biffée par la gare destinataire, qui portera en regard, **à l'encre rouge,** une mention indiquant que cette feuille est pour une autre destination et rappelant le numéro et la date de la lettre de la gare expéditrice.

Art. 14. — Le pointage pourra aussi faire constater la présence de feuilles que les gares expéditrices auront omises sur leurs relevés ou pour lesquelles les gares destinataires n'auront reçu aucun relevé.

Dans le **premier cas,** ces feuilles seront signalées par les gares destinataires aux gares expéditrices et ajoutées d'office, **à l'encre rouge,** sur les relevés d'expéditions en portant la mention « *Feuille omise* » en regard de chaque feuille ajoutée.

Dans le **second cas,** les gares destinataires réclameront aux gares expéditrices les relevés qui ne leur sont pas parvenus ; ces dernières les adresseront par le premier train de voyageurs. Si ces pièces n'étaient pas encore arrivée lors de la clôture de la dizaine, elles devraient en créer d'office **à l'encre rouge,** en les annotant en conséquence.

Dans les deux cas, les gares destinataires *devront, au préalable, s'assurer que les feuilles qui se trouvent dans ces conditions leur sont véritablement destinées,* et si elles reconnaissent que c'est par erreur qu'elles leur ont été adressées, elles s'empresseront de les faire parvenir à la gare de destination réelle et n'en prendront pas charge.

Exemple : La gare de Saintes ayant un relevé 1676 ou 1680 pour les expéditions adressées pendant la dizaine à la gare de Rochefort enverra ce relevé à cette dernière gare à la date voulue ; de même pour toutes les gares.

Art. 15. — Le pointage des relevés des expéditions à l'aide des feuilles de route et l'emploi par les gares destinataires de ces relevés comme relevés d'arrivages ne signifient nullement que les sommes prises en charge doivent correspondre aux sommes accusées par les gares expéditrices. Au contraire, il est bien entendu que les débits que les gares destinataires auront à prendre devront résulter des feuilles de routes rectifiées, s'il y a lieu et dont les chiffres ainsi rectifiés devront être inscrits sur les livres d'arrivages, reproduits **à l'encre rouge**, sur les relevés d'expéditions au-dessus des chiffres primitifs portés par la gare de départ et additionnés de nouveau sur les dits relevés.

Art. 16. — Une fois le pointage opéré et les réclamations faites, s'il y a lieu, la gare destinataire classera les relevés modèles 1676 et 1680 d'après l'ordre des subdivisions et établira les résumés d'arrivages.

Le total général de cette pièce devra être en tout conforme au total général du livre des arrivages, *Trafic intérieur.*

Art. 17. — Sur chaque relevé des expéditions qu'elle recevra ou qu'elle aura créé d'office, la gare destinataire devra appliquer son timbre en face de l'indication à ce destinée.

§ 2. TRAFIC DIRECT

DÉPART.

Art. 18. — L'enregistrement et la taxe des marchandises G. V. et P. V. ainsi que l'inscription des sommes à recouvrer à titre de déboursés, remboursements ou ports au-delà, ont lieu immédiatement après la remise.

1° Sur les livres d'expéditions en usage dans les compagnies rachetées.

2° Sur les feuilles de route —

3° Sur les états récapitulatifs modèles nos 1694, 1695 suivant la vitesse.

Manière d'établir les états récapitulatifs.

Art. 19. — A la fin de chaque journée les gares classeront les souches de feuilles de route **par gare destinataire, par date d'expédition** et **par point de transit de sortie du réseau**; elles continueront le classement tous les jours de manière que, la dizaine terminée, elles n'aient plus qu'à les grouper.

Le classement opéré, les souches seront inscrites aux **états récapitulatifs** 1694 ou 1695 établis pour chaque point de transit.

Chacun de ces états sera additionné et une récapitulation en sera faite par compagnie destinataire. Cette récapitulation devra être rapprochée avec soin du livre d'expéditions **trafic direct** et donner très-exactement les mêmes chiffres.

Les états récapitulatifs 1694, 1695 seront envoyés au contrôle les 13, 23 du mois et 3 du mois suivant avec les souches des feuilles de route classées par compagnies destinataires dans l'ordre de leur inscription aux dits états et attachés ensemble par l'angle gauche inférieur en un paquet isolé.

Art. 20. — Après la vérification des taxes, tous les articles portés sur les feuilles de route sont inscrits un par un sur les livres d'arrivages et bordereaux en usage dans les compagnies rachetées.

On totalisera les livres jour par jour.

Manière d'établir les bordereaux d'arrivages.

Art. 21. — Dès le premier jour de la dizaine, les gares d'arrivée commenceront le classement des feuilles de route par gare de provenance, par date d'expédition et par point de transit; elles continueront ce classement chaque jour de manière à ce qu'il soit terminé à la clôture des prises en charge de la dizaine.

Exemple : La gare de Saintes reçoit le 1er août des feuilles de route en provenance de Bordeaux, Périgueux, Saint-Sulpice-Laurière, Montluçon, Ruffec, Civray, Ivry, Orléans, Tours, Nantes et appartenant à des dates d'expéditions différentes.

Elle commencera par réunir toutes les feuilles ayant passé **par Coutras**, c'est-à-dire celles de Bordeaux, Périgueux, etc., et les mettra dans un dossier qu'elle créera à cet effet et qu'elle intitulera **Transit par Coutras**; elle passera ensuite aux feuilles de Saint-Sulpice et Montluçon, qu'elle placera dans un dossier **Transit par Limoges**, et ainsi de suite pour chaque transit différent.

Cette opération terminée, elle reprendra le dossier *Transit par Coutras* et placera toutes les feuilles de Bordeaux à la suite les unes des autres en commençant par la plus ancienne en date d'expédition et par le numéro le moins élevé dans chaque date; elle fera de même pour les feuilles concernant chacun des autres points de provenance compris dans le même dossier.

On répétera la même opération pour chaque point de transit.

Si, maintenant, le 2 août, la gare de Saintes reçoit des feuilles des mêmes gares et d'autres encore, elle les classera d'abord, comme il a été dit, par point de transit, puis les intercalera dans les dossiers déjà créés, en ayant bien soin de mettre toutes les feuilles de même provenance à la suite les unes des autres, de telle sorte que les plus anciennes en date soient toujours placées en tête lors même qu'elles seraient arrivées les dernières.

Art. 22. — Ceci fait, il ne restera plus aux gares destinataires qu'à établir par point de transit leur bordereau de dizaine sur lequel les feuilles seront inscrites dans l'ordre du classement.

Chacun de ces bordereaux sera additionné et il en sera fait une récapitulation générale et par compagnies expéditrices sur un autre bordereau distinct. Cette récapitulation, rapprochée avec le plus grand soin du livre d'arrivages *Trafic direct*, devra donner très-exactement les mêmes chiffres.

Art. 23. — *Les bordereaux de dizaine, arrivages trafic direct, seront établis sur les bordereaux en usage dans chaque compagnie.*

La dernière date de prise en charge pour les arrivages trafic direct est fixée comme suit :

POUR LA GRANDE VITESSE.

Les 15, 25 de chaque mois et 5 du mois suivant.

POUR LA PETITE VITESSE.

Les 18, 28 de chaque mois et 8 du mois suivant,
De cette manière, la presque totalité des arrivages, trafic direct, sera comprise dans la dizaine à laquelle ils se rapportent par la date d'expédition. .

CHAPITRE IV

DISPOSITIONS COMMUNES A LA GRANDE ET A LA PETITE VITESSE

FONDS DE ROULEMENT.

Art. 24. — Il est alloué à chaque chef de gare un fonds de roulement destiné à l'acquittement des débours, ports au-delà, détaxes, surtaxes et menus frais prévus à l'article 12 du décret du 25 mai 1878.

Ce fonds de roulement sera fixé par le Conseil d'administration sur l'avis du Directeur.

Art. 25. — Les pièces de dépenses relatives à l'emploi du fonds de roulement seront adressées chaque jour par les chefs de gare au receveur centralisateur dans la caisse à finances, comme valeurs représentatives. Ce dernier, tous les dix jours, enverra ces pièces au contrôle qui, après vérification, fera délivrer au profit du receveur une ordonnance de régularisation d'égale somme.

L'extrait d'ordonnance acquitté par le receveur sera adressé au caissier général comme valeur représentative.

DÉBOURS.

Art. 26. — Le compte débours ne jouera donc plus dans la comptabilité des gares que comme compte d'ordre, lorsqu'il s'agira de reprises en débours pour réexpédition de marchandises sur une nouvelle destination, annulation ou réduction des remboursements du trafic direct.

Malgré ce mode de procéder pour le paiement des débours, il n'en est pas moins recommandé aux gares de ne pas faire de débours arriérés.

Le livre de débours émargé reste à la gare, le bordereau également émargé par les expéditeurs est versé comme espèces dans la caisse à finances.

ART. 27. — Pour les ports au-delà les gares les règleront au fur et à mesure de l'enlèvement des marchandises par les entrepreneurs de factage et de camionnage.

Le livre des ports au-delà émargé reste à la gare, le bordereau également émargé par les entrepreneurs de factage et de camionnage est versé comme espèces dans la caisse à finances.

SOUFFRANCES.

ART. 28. — Pour la manière de passer au **livre de souffrances**, les marchandises qui n'auraient pas été enlevées dans les délais règlementaires, ainsi que pour l'établissement de toutes pièces destinées à en informer **le chef de l'Exploitation**, on emploiera le mode usité dans les Compagnies rachetées en se servant des imprimés en usage.

LITIGES.

ART. 29. — Lorsque les gares se trouvent dessaisies de marchandises sans avoir pu encaisser la lettre de voiture, elles adressent de suite le titre litigieux au **chef de l'Exploitation** et prennent crédit au titre **Litiges** sur le livre de liquidation 1565 (*côté situation comptable*) en faisant une sortie *pour ordre* au livre d'arrivages et non plus sur le livre de sortie (**ou de crédit, ou de bureau restant**), suivant le nom qu'on lui donne dans chaque Compagnie.

Dans le cas où l'un de ces titres aurait été passé par bordereau de factage ou de camionnage, déduction en sera faite sur ledit bordereau qui ne fera l'objet d'un versement à la caisse que pour le chiffre ainsi rectifié.

ART. 30. — On opérera de la même façon pour les titres en souffrance à passer aux **litiges**, Les titres dont les gares auront ainsi pris crédit au titre **litiges** seront adressés directement, avec bordereau et renseignements à l'appui, au **chef de l'Exploitation** chargé de leur liquidation.

ART. 31. — Lorsque **le chef de l'Exploitation**, après examen, retournera aux gares des titres impayés, elles prendront débit du bordereau d'envoi au titre « *litiges* » sur le livre 1565 (*côté situation comptable*) et conserveront les pièces au même titre que les articles à recouvrer sur arrivages en port dû; la sortie en sera faite, lors de l'encaissement, par bureau restant.

ART. 32. — Si, d'après les instructions du *chef de l'exploitation*, il y a lieu de rembourser certaines sommes aux destinataires de ces articles, soit à titre d'indemnité soit à titre de détaxe, les gares en prendront crédit au moyen d'un reçu de l'ayant droit qu'elles verseront *comme espèces* dans leur caisse à finances.

FACTAGE ET CAMIONNAGE.

Art. 33. — Les **bordereaux et les livres de factage et de camionnage** seront tenus par les gares des Compagnies rachetées dans la forme usitée en attendant un modèle uniforme.

RECTIFICATIONS.

Art. 34. — Toutes les erreurs commises par les gares dans l'application des tarifs ou dans l'établissement de la comptabilité, donnent lieu à des rectifications de la part du contrôle.

Dès qu'il a reçu ces rectifications, le chef de gare les enregistre sur un carnet et communique à chaque service celles qui le concernent.

Les rectifications sur voyageurs, bagages et chiens, doivent être versées dans les vingt-quatre heures, celles sur grande et petite vitesse dans les dix jours, à partir de la date d'envoi par le contrôle.

Passé ces délais, si le versement des avis de rectification est différé, le chef de gare exige que ces avis lui soient néanmoins restitués avec une note indiquant les motifs du refus. Après examen approfondi de ces motifs, et selon qu'il les juge valables ou non, il transmet une réclamation au contrôle ou fait prendre en charge et verser de suite, par qui de droit, le montant de ces rectifications.

Au fur et à mesure qu'une rectification est encaissée ou payée, suivant qu'elle est au débit ou au crédit de la gare, on doit mentionner au carnet, dans la colonne réservée à cet effet, la date du paiement ou de l'encaissement, et en même temps bâtonner le chiffre de la rectification en passant un trait léger à l'encre, de telle sorte que l'addition de toutes les sommes des rectifications non bâtonnées représente toujours la différence qui existe entre les écritures de la gare et celles du contrôle.

Toute rectification dont le dégrèvement n'est pas demandé au contrôle *dans le délai de 20 jours au plus tard*, à partir de la date d'envoi, est considérée comme définitivement acceptée, et ce délai expiré aucune réclamation à son sujet n'est admise.

SURTAXES.

Art. 35. — Les surtaxes égales ou supérieures à 1 franc reconnues par ce contrôle devront être mises à la disposition des expéditeurs ou des destinataires, et payées à ceux-ci par les soins des gares.

Il sera procédé, à ce sujet, de la manière suivante :

1° Chaque surtaxe de 1 franc et au-dessus donnera lieu à la création d'un avis de surtaxe, modèle 1691, adressé à la gare expéditrice, s'il s'agit de port payé, ou à la gare destinataire s'il s'agit de port dû ;

2° Après réception de l'avis modèle 1691, la gare adressera à l'expéditeur ou au destinataire intéressé une lettre modèle 1692 pour l'inviter à produire son récépissé; les frais d'affranchissement de cette lettre seront compris dans les menues dépenses de la gare;

3° Trois cas peuvent se présenter :

Premier cas. — Si l'ayant droit produit son récépissé, la gare l'adressera de suite au contrôle avec *l'avis de surtaxe modèle n° 1691.*

Deuxième cas. — Si l'ayant droit se présente sans produire son récépissé et formule néanmoins une réclamation, la gare n'aura pas à lui donner communication de l'avis de surtaxe modèle 1691, ni à entrer en explication avec lui; elle l'invitera à s'adresser à l'Inspection principale de laquelle elle relève et renverra immédiatement l'avis de surtaxe au contrôle avec les explications nécessaires.

Troisième cas. — Si l'ayant droit, dûment avisé par la lettre modèle 1692 ne s'est pas présenté dans un délai maximum de six mois, la gare retournera l'avis de surtaxe au contrôle en lui donnant les motifs de ce retour;

4° Une fois ces formalités remplies, et dès qu'il ne restera plus aucun doute sur le bien fondé de la réduction, le contrôle renverra à la gare l'avis modèle 1691 en l'invitant à rembourser la surtaxe dont elle se créditera en versant l'avis modèle 1691 acquitté, comme espèces dans sa caisse à finances ;

5° L'acquit de l'ayant droit devra être donné sur la quittance placée au bas de l'avis modèle 1691. La validité de la signature sera certifiée par le chef de gare au moyen d'une formule prévue dans le modèle ;

6° Si la somme remboursée est supérieure à 10 francs, il y aura lieu d'apposer sur la quittance un timbre de 10 centimes, dont le prix, à la charge des chemins de fer de l'État, sera compris dans les menues dépenses de la gare.

REMBOURSEMENTS.

ART. 36. — Les gares établiront un relevé spécial des expéditions faites contre remboursement pendant la dizaine, sur lequel elles indiqueront :

1° Les dates et n°ˢ d'expédition ;

2° La vitesse ;

3° La gare destinataire ;

4° Le montant du remboursement.

Le total de ce relevé devra être conforme au total de la colone *Remboursements* des résumés d'expédition.

A l'arrivée, la gare destinataire qui est débitée du montant du remboursement l'encaisse, au moment de la livraison, et envoie immédiatement l'avis d'encaissement au contrôle, après en avoir rempli toutes les indications. Elle adresse en même temps à la gare expéditrice une feuille de route grande vitesse avec taxe de retour de fonds et la mention suivante : *Avis d'encaissement du remboursement de l'expédition n°*

Aussitôt après la réception de l'avis d'encaissement, le contrôle soumet cette pièce au caissier général qui le vise après avoir vérifiée l'encaissement, et l'adresse au receveur centralisateur de la région de la gare de départ; celui-ci la transmet à cette dernière dans la caisse à finances avec les fonds nécessaires.

La gare expéditrice se débite de cet envoi de fonds et s'en crédite en versant l'avis d'encaissement acquitté **comme espèces.**

Les avis d'encaissement acquittés tont adressés sous les dix jours par les receveurs centralisateurs, avec un bordereau spécial, au caissier général, comme valeurs représentatives.

ART. 37. — Dans le cas où un remboursement est annulé par ordre de l'expéditeur, la gare destinataire fait une sortie *pour ordre* sur son livre d'*Arrivages* et se crédite au titre « Remboursement annulé ». Elle adresse ensuite l'avis d'encaissement au contrôle avec la lettre de la gare de départ autorisant l'annulation.

ART. 38. — Si un remboursement est réduit sur l'ordre de l'expéditeur, la gare destinataire encaisse la somme ainsi réduite dont elle fait la sortie à son livre dit de *Bureau restant et de crédit* (suivant le terme employé dans chaque Compagnie).

Pour la différence entre la somme encaissée et la somme primitive, elle fait une sortie pour ordre à son livre d'arrivages en y indiquant les motifs et se crédite au titre *Remboursement réduit*.

Ensuite, comme pour les remboursements payés intégralement, elle crée une feuille de route G. V. mentionnant l'*avis d'encaissement de remboursement réduit de l'expédition n°* et envoie au contrôle l'avis d'encaissement avec le billet de retenue signé par le destinataire.

RELEVÉ JOURNALIER DES PRODUITS DES GARES.

Modèle 1610.

ART. 39. — Les renseignements qui doivent figurer sur ce relevé sont :

1° *Voyageurs.* — Produit total des voyageurs pour le service intérieur et part des chemins de fer de l'État seulement, pour les voyageurs en **trafic** direct. Perceptions supplémentaires sur billets voyageurs;

2° *Bagages et chiens.* — Produit total des enregistrements et excédants de bagages, des enregistrements de chiens pour le service intérieur et part des chemins de fer de l'État pour le trafic direct;

3° *Expéditions G. V.* — Montant total des enregistrements et taxes ports payés et ports dus d'après les livres d'expéditions pour le trafic intérieur et part des chemins de fer de l'État pour le trafic direct;

4° *Réexpédition du transit.* — Montant de la taxe afférente aux chemins de fer de l'État dans les réexpéditions du transit ports payés et ports dus;

5° *Recettes diverses G. V.* — Recettes diverses de G. V., magasinage et consigne;

6° *Expéditions P. V.* — Montant total des enregistrements et taxes ports payés et ports dus d'après les livres d'expéditions pour le trafic intérieur et part des chemins de fer de l'État pour le trafic direct;

7° *Réexpéditions P. V.* — Montant de la taxe afférente aux chemins de fer de l'État dans les réexpéditions du transit ports payés et ports dus ;

8° *Recettes diverses P. V.* — Recettes diverses de P. V. magasinage, séjour de wagons.

Les gares doivent envoyer cet état au contrôle de telle sorte que le bulletin des produits de la journée du 1ᵉʳ, par exemple, soit expédié dans les portefeuilles qui parviennent le 3 aux inspections principales.

Nota. — *Les articles 4 et 7 ne concernent que les gares de transit.*

STATISTIQUE.

Art. 40. — Provisoirement, les gares des diverses lignes rachetées établiront et adresseront au contrôle, dans la forme et les délais en usage dans chaque Compagnie, les états statistique qu'elles ont l'habitude de fournir.

TRANSPORTS EN COMPTES COURANTS.

Art. 41. — Sont livrables en comptes courants :

1° Les transports effectués pour les différents services des chemins de fer de l'État ;

2° Les transports effectués pour le compte des différentes administrations de l'État ;

3° Les transports des mobiliers et bagages des employés des chemins de fer de l'État (dans les conditions prévues par l'article 19 de l'ordre général n° 5) ;

4° Les transports effectués pour certains négociants titulaires de comptes courants expressément désignés.

Les gares se couvrent de ces transports au fur et à mesure de leur livraison au moyen d'une sortie pour ordre sur le livre d'arrivages et du crédit qu'elles prennent sur leur livre de situation comptable, modèle 1565, au titre *Comptes courants*.

Elles adressent au contrôle, avec la balance de dizaine, modèle 1690, un bordereau général des transports livrés en compte courant pendant la dizaine, auquel sont joints les récépissés et autres titres justificatifs.

VERSEMENTS DES RECETTES.

Art. 42. — Les gares versent chaque jour l'intégralité de leurs recettes (*Ordre de Service n° 4*) et, ce versement une fois effectué, tant en numéraire qu'en valeurs représentatives, il ne doit plus leur rester que leur fonds de roulement à reporter, *comme solde en caisse*, à la journée du lendemain.

En dehors de ce fonds de roulement, elles ne doivent conserver aucune somme à *quelque titre que ce soit.*

La situation de Caissse (mod. 1565) ne doit comprendre que le détail de sommes réellement encaissées.

CHAPITRE V.

RÉCAPITULATION DES OPÉRATIONS COMPTABLES.

COMPTABILITÉ SPÉCIALE DES BUREAUX.

Bureaux des Voyageurs, des Bagages et Chiens.

ART. 43. — Les gares importantes où il existe des receveurs aux billets et des receveurs aux bagages, sont pourvues d'un livre de liquidation, modèle 1565, à l'usage de ces agents. Ce livre renferme, sur une page, la situation de caisse, sur l'autre la situation comptable.

Les bureaux voyageurs et bagages ne se servent que de la situation de caisse d'après laquelle ils déterminent le versement quotidien à opérer entre les mains du chef de gare.

Ce versement quotidien comprend, non-seulement les espèces, mais encore les valeurs représentatives.

Le tout est remis au chef de gare qui en donne quittance sur le livre même.

Bureaux de la Grande et de la Petite Vitesse.

ART. 44. — Chacun de ces bureaux se sert du même livre 1565 et emploie parallèlement et la situation de caisse et la situation comptable.

La situation de caisse leur sert, comme pour les voyageurs, à déterminer leur versement journalier au chef de gare; la situation comptable leur sert de journal résumant et les encaissements et les écritures qui ne passent pas par la caisse, telles que celles résultant :

1° *Au Débit.* — Des arrivages en port dû, des timbres reçus du contrôle, des bordereaux à recouvrer ;

2° *Au Crédit.* — Des timbres employés,

Des litiges prévus par l'article 29.

Des débours   —   26.

Des remboursements   —   37-38.

CHAPITRE VI

LIQUIDATION DE LA DIZAINE.

ART. 45. — En fin de dizaine, le Chef de gare résume, sur un livre 1565 qu'il tient, lui-même, la comptabilité au moyen des états de dizaîne et à l'aide des livres particuliers de chaque service.

Il prend au débit le montant :

1° Des rectifications du contrôle encaissées pendant la dizaine ;

2° Du bordereau des billets de toute nature, timbres-quittances ;

3° Du bordereau des recettes supplémentaires ;

4° Du bordereau des bagages et chiens, timbres-quittances ;

5° Des encaissements sur ports payés ;

6° Des arrivages en port dû ;

7° Du bordereau des recettes à différents titres ;

8° Des récépissés timbrés et des bordereaux à recouvrer reçus du Contrôle.

Au crédit, le montant :

1° Des versements faits aux receveurs centralisateurs dans le courant de la dizaine, soit en espèces, soit en valeurs représentatives ;

2° Des timbres G. V. et P. V. employés dans la dizaine.

3° Des transports effectués en comptes courants pendant la dizaine ;

4° Des litiges prévus par l'article   29 ;

5° Des débours —   —   26 ;

6° Des Remboursements —   37.38 ;

Le chiffre entre le débit et le crédit exprime le solde débiteur du compte à justifier par la gare.

Ce solde se décompose ainsi qu'il suit :

1° Des articles à recouvrer sur arrivages ;

2° Des récépissés timbrés aux carnets ;

3° Et du fonds de caisse.

Cette liquidation est reportée sur la balance de dizaine (modèle 1690), qui est envoyée au contrôle en deux expéditions, les 20 et 30 de chaque mois et 10 du mois suivant.

Une de ces expéditions est retournée à la gare, après vérification, avec les rectifications du Contrôle.

Cette pièce, ainsi régularisée, doit être classée et conservée avec soin pour être représentée à toute réquisition des inspecteurs.

DISPOSITIONS TRANSITOIRES.

ART. 46.—Les imprimés journaliers en usage dans les compagnies rachetées par l'État recevront à la main les corrections nécessaires pour servir à la comptabilité par dizaine, les autres livres auxiliaires seront aussi employés jusqu'à leur épuisement.

Les seuls imprimés imposés dès à présent à toutes les compagnies rachetées sont les suivants :

Les relevés, expéditions trafic intérieur.

  G. V. et P. V. 1676, 1680,

  Les résumés d'expéditions et d'arrivages, tarif intérieur.

    G. V. et P. V. 1701, 1702, 1703, 1704. Groupe Charentes, Vendée, Maine-et-Loire.
        —   1705, 1706, 1707, 1708. Groupe Orléans-Rouen.
        —   1709, 1710, 1711, 1712. Groupe Orléans-Nantes.
        —   1713, 1714, 1715, 1716. Groupe Nantais.
        —   1717, 1718, 1719, 1720. Groupe Sauve.

Les états récapitulatifs, expéditions, trafic direct . . . . modèle 1694 1695

OBSERVATIONS GÉNÉRALES

ART. 47. — Dans les gares où le même agent comptable est chargé de la caisse de deux ou plusieurs services, le nombre des livres modèle 1565 se trouve naturellement réduit en conséquence, et les règles à observer pour la tenue de ces livres résumés, se déduisent facilement de celles indiquées séparément pour chaque service.

Enfin, dans les petites gares où tous les encaissements et tous les payements sont faits par le chef de gare lui-même, celui-ci tient un livre unique, modèle 1565.

La situation de caisse du livre 1565 doit être arrêtée invariablement et exactement à la fin de chaque journée.

La situation comptable s'arrête aussi chaque jour excepté le dernier jour de chaque dizaine.

A ce moment, en effet, pour permettre aux gares de prendre charge à la dizaine qu'elles règlent tous les arrivages qui lui appartiennent, par leur date d'expédition, il importe de laisser ouverte une période :

De 3 jours pour la prise en charge des arrivages G. V. Trafic intérieur et trafic direct,
De 7 jours pour la prise en charge des arrivages P. V. Trafic intérieur.
De 8   —   —   P. V. —   direct.

Pour cela, les gares réservent sur leurs livres d'arrivages G. V. et P. V., des deux trafics, à la journée du 10 août (par exemple), un espace suffisant pour inscrire les feuilles appartenant par leur date d'expédition à cette première dizaine d'août et qui arrivent du 11 au 13 août inclus en trafic intérieur et trafic direct G. V., du 11 au 17 août inclus en trafic intérieur P. V., du 11 au 18 août inclus en trafic direct P. V.

Le 13 août, après le passage du dernier train, on totalise les arrivages en port dû, trafic intérieur ou trafic direct G. V., et le chiffre est porté au débit de la situation comptable au titre **arrivages port dû, trafic intérieur** ou **trafic direct** G. V.

Les 17 et 18 août on en fait autant pour les arrivages trafic intérieur P. V. et trafic direct P. V., et on arrête définitivement le 18 au soir, sur la situation du 10 août, le solde à reporter le 11.

En même temps que les gares opèrent ainsi pour la liquidation de la 1re dizaine d'août, elles ouvrent sans solde antérieur les écritures des opérations appartenant à la 2e dizaine d'août, et lorsque le solde de la 1re dizaine d'août est définitivement arrêté, c'est-à-dire le 18 août, après le passage du dernier train, elles le reportent à la journée du 11 août et l'additionnent avec les opérations de la 2e dizaine.

On opère de la même façon pour la liquidation de la 2e et 3e dizaine du mois.

MODE D'ENVOI DES PIÈCES COMPTABLES AU CONTROLE.

ART. 48. — Les gares adresseront à leur inspection principale par leurs portefeuilles de service et dans les délais prévus par le tableau ci-joint, les pièces comptables destinées au contrôle.

Chaque inspecteur principal, après avoir fait classer les pièces par gare, les expédiera au contrôle à Paris dans des sacs spéciaux.

CORRESPONDANCE DES GARES AVEC LE CONTROLE.

ART. 49. — Les communications adressées aux gares par le chef du contrôle pour tous les détails du service seront envoyées aux inspecteurs principaux chargés de les faire distribuer. De même les inspecteurs principaux enverront à Paris, par le courrier de chaque jour, les communications que les gares lui auront adressées pour être transmises au chef du contrôle.

Tableau indiquant les dates d'envoi des pièces comptables, destinées au contrôle.

42, rue de Châteaudun, Paris.

DÉSIGNATION DES PIÈCE	DATES D'ENVOI

Balance de dizaine, *modèle 1690 en deux exemplaires* et les pièces qui la composent.
Savoir :
Bordereau de dizaine des recettes à différents titres ;
     d°   des sommes encaissées par ou pour les correspondants.
     d°   des transports en compte courant.
 	
Relevé des produits, *Modèle 1610*
	Les pièces doivent parvenir aux inspections principales les 20, 30 de chaque mois et 10 du mois suivant par premier train du matin.
	Dans la matinée du 3ᵉ jour de sa date.

État de dizaine produits-voyageurs, trafic intérieur et direct ; d° des bagages et chiens intérieur et direct ; Billets de toute nature recueillis à l'arrivée et classés en trois chapelets, par dizaine comme suit : Le 1ᵉʳ avec tous les billets destination fixe, trafic intérieur ; Le 2ᵉ d° trafic direct et tous les passe-partout, trafic intérieur et direct. Le 3ᵉ avec les billets collectifs, permis, bons de réduction.	Les 13, 23 de chaque mois et 3 du mois suivant par premier train.
Souches des feuilles bagages et chiens, trafic intérieur et direct au départ ; Feuilles de route, bagages et chiens, trafic intérieur et direct, à l'arrivée, avec les bulletins retirés des mains des voyageurs.	
TRAFIC INTÉRIEUR Relevés et résumés de dizaine, expéditions et résumés d'arrivages, G. V. Pour les arrivages, les derniers jours de prise en charge sont les 13, 23, 3. Feuilles de route G. V. classées par provenance dans l'ordre de leur inscription aux relevés d'expéditions et attachées à l'angle gauche inférieur (en un paquet isolé). Relevés et résumés de dizaines, expéditions et résumés d'arrivage P. V. Pour les arivages, les derniers jours de prise en charge sont les 17, 27, 7. Feuilles de route P. V. classées par provenance dans l'ordre de leur inscription aux relevés d'expéditions et attachées à l'angle gauche inférieur (en un paquet isolé).	Les 20, 30 de chaque mois et 10 du mois suivant par premier train.
TRAFIC DIRECT Bordereaux de dizaine, expéditions G. V. et P. V. *mod. 1694, 1695*, avec les souches des feuilles de route classées par compagnies destinataires dans l'ordre de leur inscription aux bordereaux et attachées à l'angle gauche inférieur (en un paquet isolé). Bordereaux de dizaine, arrivages G. V. et les feuilles de route classées par compagnies expéditrices dans l'ordre de leur inscription aux bordereaux et attachées à l'angle gauche inférieur (en un paquet isolé). Pour les arrivages, les derniers jours de prise en charge sont les 13, 23, 3. Bordereaux de dizaine arrivages P. V. et feuilles de route classées par compagnies expéditrices dans l'ordre de leur inscription aux bordereaux et attachées à l'angle gauche inférieur (en un paquet isolé). Pour les arrivages, les derniers jours de prise en charge sont les 18, 28 et 8.	Les 13, 23 et 3. Les 15, 25 et 5. Les 20, 30 et 10.

IMPRIMERIE CENTRALE DES CHEMINS DE FER. — A. CHAIX ET Cie, RUE BERGÈRE, 20, A PARIS. — 12185-8.